食べることが
好きになる
離乳食

100本のスプーン

はじめに

　子どもという生き物は、とても敏感で正直。おいしいと喜び、眠たければぐずり、つまらなければ帰りたい。味覚や常識、感覚は、これからさまざまな体験をしながら育っていきます。『100本のスプーン』はそんな子どもたちに、食事の時間って楽しいんだなぁと感じてもらいたいと思っています。

　そこで、私たちは"離乳食"もひとつの料理として捉え、だしをていねいにひくことから始まり、大人の料理と同じようにみんなで思いを込めて作ってきました。また、お店でお出しする離乳食が"おいしい"のは当たり前。それだけではなく、一緒に食卓を囲むお父さんやお母さんと同じ目線で食事ができるようにハイチェアを用意したり、照明や音楽まで含めた空間、テーブルの上に並んだ料理の彩り、スタッフのお声がけなど、ここで過ごす食事の時間が楽しくなるように、日々お店づくりを続けてきました。

　離乳食の無料提供を始めたキッカケは、離乳食を持ち込んでいるお客さまを見て、「とても大変そうだなぁ」と感じたシンプルな気持ちからです。お店で離乳食を準備しておけば、外出前の1時間をお洒落する時間に使ってもらえるかもしれない。外出のハードルがぐっと上がる離乳食期に、外食を楽しみやすくなるといいな。そんなことを想像しながらスタートしました。細々と始めたことなので最初はメニュー表に載

　せることもなく、赤ちゃん連れのお客さまがいらしたらお声がけするというかたちで離乳食をお出しするようにしていました。このことに喜んでくださったお客さまが、また新しいお客さまを連れてきてくださるようになり……。気がつけば、今では毎月3000食以上の離乳食を小さなお客さまに提供させていただくように。
　お客さまから「息子が離乳食をはじめておかわりしました！」「家ではあまり食べない娘が、ここでは喜んで食べてくれるので安心します」などの言葉をいただける機会が増えてきたこともうれしく、最近ではレシピを尋ねられることも増えたので、一冊の本にまとめて出版させていただくことになりました。これまでお店で提供してきたメニューをはじめ、「なかなか野菜を食べてくれない」というお母さんお父さんの悩みを解消するべく、季節ごとの野菜をおいしく食べてもらえるようなレシピもたくさん加えています。
　おいしい離乳食のレシピは世の中に沢山あります。この本では、『100本のスプーン』のシェフやスタッフが毎日考え続けている「食事をする時間が好きになる」ためのコツやアイデアも一緒にお届けします。食事は"おいしい"だけでなく"楽しい"ものだと少しでも感じてもらえたら……。この本を通してそのお手伝いができればいいなと思っています。

CONTENTS

- 002　はじめに
- 004　もくじ
- 006　この本の使い方
- 008　離乳食にとって大切な「だし」の話
  - ・野菜だし
  - ・昆布だし
  - ・かつお＆昆布だし
- 014　離乳食にとって大切な「おかゆ」の話
  - ・おかゆの基本
  - ・おかゆの作り方

キャベツ
- 022　キャベツのとろとろピューレ
- 023　キャベツと豆腐のふわふわ
- 024　キャベツとカッテージチーズのコールスロー
- 025　キャベツとささ身のあんかけご飯
- 025　キャベツとしらすの煮込みうどん
- 026　ふんわり豆腐のロールキャベツ

じゃがいも
- 027　じゃがいものとろとろピューレ
- 028　じゃがいもと鯛のトマトシチュー
- 029　じゃがいもとりんごのポタージュ
- 030　春のポトフ
- 031　じゃがいものミートソースラザニア風

玉ねぎ
- 032　玉ねぎのとろとろピューレ
- 033　玉ねぎと白身魚のおかゆ
- 034　玉ねぎととり肉の茶碗むし

かぶ
- 036　かぶのとろとろピューレ
- 037　かぶの2色のポタージュ
- 037　かぶとタラの炊き込みごはん

アスパラガス
- 038　アスパラとしらすの豆乳リゾット
- 039　アスパラととり肉のそうめんチャンプルー

菜の花
- 040　菜の花としらすのみぞれあんかけ丼

いちご
- 041　フルーツトマトといちごのサラダ

トマト
- 044　トマトと玉ねぎのとろとろピューレ
- 044　トマトとおだしのジュレ
- 045　はじめてのナポリタン
- 046　トマトとズッキーニのグラタン

とうもろこし
- 048　とうもろこしのとろとろピューレ
- 049　納豆のとうもろこし和え
- 050　とうもろこしのパン粥
- 051　とうもろこしのピラフ

パプリカ
- 053　焼きパプリカのピューレ
- 053　パプリカのパエリア風リゾット

なす
- 054　なすのとろとろピューレ
- 055　なすとしらすのにゅうめん
- 055　とり肉となすのみそ煮込み

ズッキーニ
- 056　ズッキーニとかぼちゃの煮物
- 057　ズッキーニとしらすのおかゆ
- 057　ズッキーニととり肉のミネストローネ

枝豆
- 058　枝豆のとろとろピューレ
- 058　ずんだごはん
- 059　枝豆ととうもろこしのおやき

秋 Autumn

にんじん
- 063 にんじんのとろとろピューレ
- 064 にんじんとまぐろ、かぶの含め煮
- 064 にんじんとバナナのポタージュ
- 065 にんじんとひき肉のあんかけにゅうめん
- 065 にんじんのグラッセ

かぼちゃ
- 066 かぼちゃのとろとろピューレ
- 067 かぼちゃと豆乳のポタージュ
- 068 かぼちゃと豆腐のおうどん
- 069 かぼちゃとツナのパンケーキ
- 070 かぼちゃニョッキのトマト煮込み

さつまいも
- 072 さつまいものとろとろピューレ
- 073 さつまいもとひき肉のとろとろ粥
- 074 さつまいも団子のスープ仕立て
- 075 安納芋のスイートポテト

れんこん
- 076 しらすとれんこんのすり流しあん
- 077 れんこんととりささ身の和風煮込み

りんご
- 078 りんごとヨーグルトのお米サラダ
- 078 りんごとさつまいものポテトサラダ
- 079 りんごと豚肉の煮物

冬 Winter

ほうれん草
- 082 ほうれん草のとろとろピューレ
- 083 ほうれん草とバナナのスープ
- 084 ほうれん草と白身魚のおかゆ
- 085 ほうれん草とサーモンの和風パスタ
- 086 ほうれん草とひき肉のお好み焼き

ブロッコリー
- 088 ブロッコリーのとろとろピューレ
- 089 ブロッコリーと白身魚のおかゆ
- 090 ブロッコリーととり肉の卵粥
- 091 ブロッコリーとじゃがいものオムレツ

白菜
- 092 白菜のとろとろピューレ
- 093 白菜の豆乳ポタージュ
- 094 白菜と冬ねぎの雑炊
- 094 白菜のフォー
- 095 白菜とささ身のシチュー
- 095 白菜のやさしい中華丼

大根
- 096 白身魚のみぞれあんかけ粥
- 097 大根とひじきのリゾット

小松菜
- 098 小松菜としらすのおだしあんかけ粥
- 099 小松菜と卵のドリア風

洋梨
- 100 洋梨のピューレ
- 101 洋梨とバナナのコンポート

- 102 子どもも、親も。
  食事の時間が楽しくなるヒント

- 106 はじめての誕生日に、
  家族の思いとパンケーキをいくつも重ねて
  1stBirthday
  ―ベジタブル・パンケーキタワー

- 108 赤ちゃんとわたしの、ささやかで幸せな
  「はじめて史」

- 110 ステップ別レシピ索引

この本の使い方

進め方

- 本書は、厚生労働省「授乳・離乳の支援ガイド」(2019年改定版)に基づいて制作しています。
- **本書は離乳食を始めて少し慣れてきた頃からお使いいただけます。
 赤ちゃんが初めて口にする食材は、最初は単体で味付けをせずに与えるのが基本です。**
- 離乳食の量や進め方には個人差があります。赤ちゃんの発達に合わせて離乳食を進めましょう。
- 食材の大きさやかたさは、あくまで目安です。赤ちゃんの発達具合に合わせて調整してください。
- **食物アレルギーの心配がある場合は、
 ご自身で判断せずに必ず専門医に相談し、医師の指導に従うようにしてください。**

調理

- 大さじ1は15ml、小さじ1は5ml、1カップは200mlです。
- 米1合は180mlです。
- 電子レンジの加熱時間は600Wを基準に算出しています。
 500Wの場合は加熱時間を1.2倍にしてください。
 また、電子レンジの機種や食材の状態によって加熱時間が異なる場合がありますので、
 様子を見ながら少しずつ加熱、調整してください。
- 火加減は特に表記のない場合は、すべて弱火で加熱してください。
- 水溶き片栗粉は片栗粉1に対して水4で溶いたものを使用します。
- 加熱機器はガスコンロを原則にしています。IHクッキングヒーターなど他の機器を使用する際は取
 扱説明書をよく読み、調理時間を調整してください。
- 野菜はよく洗い、種やヘタを取り、皮をむくなどの下処理をしてから使いましょう。
- 手は石けんできちんと洗い、
 食器や調理器具も洗剤で洗ったあと消毒・乾燥させるようにしてください。

レシピの見方

- この本では、離乳食の3つの時期に合わせてレシピを紹介しています。
 [5〜6か月ごろ] [7〜8か月ごろ] [9〜11か月ごろ]
- パパシェフ MEMO
 『100本のスプーン』でメニューを考案し、日々活躍しているパパシェフが、
 野菜の選び方や扱い方のコツを教えてくれるコーナーです。ぜひ参考にしてみてください。
- 材料のグラム表記は、すべて正味の重さです。

離乳食にとって大切な「だし」の話

　『100本のスプーン』では、離乳食サービスを始めた当初から、だしを大切にしています。味付けはほぼなく、とことんシンプルな料理である離乳食こそ、だしと素材がとても大事。
　お店では1回で6リットルのだしをとっています。家庭でだしをとるときにも同じく、多めに作ってストックしておけばいいんです。旨みは逃げないので、ご安心を。

野菜だし

昆布だし

かつお&昆布だし

　離乳食づくりにおいて、シェフがこだわったのは「赤ちゃんや子どもに食べてもらう食事こそ、クリアな味にしたい」「わかりやすい味を追求したい」ということ。そのためには、だしをひくときにていねいにアクを取るということが重要。しっかりとアクを取ることで、混沌とせずクリアな味わいと旨みのあるだしができあがります。
　離乳食に限らず、料理の基本となる"だし"。離乳食づくりをキッカケに、これをもう1度実感してもらえたらうれしいです。
「だしをとらなければいけない」ではなく、「だしをとっておくと、おいしいよね」。
そう思って、週に1度だしをとる時間を作ってみてください。

5〜6か月から使える

くず野菜を使って作る
野菜だし

　離乳食を開始する、生後5、6か月。
　母乳やミルクを飲んでいた赤ちゃんが、初めて食事というものに出会います。食べられるものが限られているこの時期は、おかゆ、野菜がメイン。野菜も食べられる種類は限られています。
　そこで『100本のスプーン』は考えました。
　いろいろな野菜の皮や種、ヘタなどでだしをとってあげれば、赤ちゃんでもさまざまな旨みを楽しめるのではないかと。しかも、栄養も摂れて一石二鳥。野菜から作った「野菜だし」だから、もちろん、野菜を使ったレシピの邪魔もしません。
　コツは、水から煮出すこと。そして、最初に出たアクをていねいに取ってくださいね。そうすることで、まろやかな野菜だしができあがります。

材料（作りやすい分量・約1 1/2カップ）

にんじんや玉ねぎの切れ端や皮、トマトやキャベツの芯など
　……合わせて約100g
水……2カップ

作り方

1　鍋に水を張り、ほかの材料をすべて入れて中火にかける。

2　沸騰したら弱火で約20分煮る。途中出てきたアクを取る。

3　ざるでこす。

※できあがっただしは、冷蔵室で約2〜3日間、冷凍室で約7日間保存可能

離乳食に慣れたら

母乳に近いやさしい味
昆布だし

　いろいろな見解がありますが、『100本のスプーン』では、昆布だしを使い始めるのは生後7、8か月以降に設定しています。昆布にはグルタミン酸という成分が含まれているのですが、実は母乳にもグルタミン酸が含まれています。成分バランスが近いと言える、昆布と母乳。だからこそ、初めて野菜以外のものを口にするときにすんなり受け入れることができるのではないかと考え、中期から使い始めることにしました。
　さらに、昆布にはカルシウムも豊富。すくすくと育っていく赤ちゃんにとって、この時期に必要な栄養素がたくさん含まれている昆布だしは強い味方です。

材料（作りやすい分量・約3カップ）

昆布（7～8cm）
　……1枚（約8g）
水……3カップ

作り方

1　昆布の表面の汚れを乾いた布やキッチンペーパー等で拭き、数か所切れ目を入れる。
2　鍋に分量の水と昆布を入れ、30分ほどつけておく。
3　鍋を弱火にかけ、沸騰する直前に昆布を取り出す。

※できあがっただしは、冷蔵室で約2～3日間、
　冷凍室で約7日間保存可能

製氷トレーや離乳食専用のトレーを使って冷凍しておくと便利。冷凍した場合は7日間を目安に使いきろう。

さらに食欲を活性化

また一歩、大人メニューに近づくための

かつお&昆布だし

　かつおと昆布が合わさることで、旨みの掛け合わせは2倍ではなく4〜8倍にぐぐっと増幅します。その相乗効果を逃す手はありません。

　旨みを感じることで、赤ちゃんの口のなかにある唾液の分泌量は変わっていきます。そして、その分泌量によって食べられる量や食欲も変わってくると言われています。初めての食事である離乳食の時期に旨みをたっぷり味わってもらうことで、食欲をどんどん活性化してもらえたらいいな。そんな強い思いから、生後9か月ごろから料理に合わせて掛け合わせだしも使っています。

材料（作りやすい分量・約3カップ）

昆布（7〜8cm）
　……1枚（約8g）
かつお節……約10g
水……3カップ

作り方

1　乾いた布やキッチンペーパー等で昆布の表面の汚れを拭き、数か所切れ目を入れる。
2　鍋に分量の水と昆布を入れ、30分ほどつけておく。
3　鍋を弱火にかけ、沸騰する直前に昆布を取り出し、沸騰したらかつお節を入れる。
4　約1分煮たら火を止めて約3分おく。ざるでこして完成。

急須を使って1回分だけ作る即席バージョンも。材料を入れて熱湯を注いだらふたをして約3分。

離乳食にとって大切な「おかゆ」の話

　赤ちゃんが初めて食べるごはん、おかゆ。それをなぜ鍋で炊いてもらいたいのか。
　鍋で炊くと、ぐつぐつと沸騰したときに米同士がぶつかり合い、米がやわらかくなるだけでなく、味もやわらかくなります。
　もちろん、絶対に鍋で炊かなければいけない、なんて言うつもりはまったくありません。でも、せっかくの離乳食。失敗しても構わないので、鍋を使って炊いてみるということを1度だけでも試してみてほしいと思います。
　大変な時期にわざわざ鍋で炊くなんて面倒くさい……その気持ちもわかります。ですが、おかゆはまとめて炊くことで、おいしく仕上がるし、失敗を減らすことができるんです。毎日作る必要はありません。数日に1回多めにどーんと炊いて、冷凍しておけば便利です。そして、料理の基礎であり、シンプルを極めた材料で作るおかゆに向き合ってみることは、きっと、自分の「"おいしい"のものさし」に出会うきっかけになるはず。

おかゆの基本

離乳食というと、かつては、果物の果汁から始めていた時代もありましたが、
今ではひとさじのおかゆをあげるところからスタートします。
米を炊く水分量によって10倍粥、7倍粥、5倍粥と、なんだか聞きなれない言葉で呼ばれますが大丈夫。
成長に合わせた水分量と仕上がりのかたさを目で見て覚えてマスターしましょう。

5〜6か月ごろ（初期）

いよいよ離乳食がスタート

10倍粥

この時期はまず食べものをゴックンと飲み込む練習が主です。ツブツブがあるとゴックンしにくいので、10倍粥をさらに裏ごしをして、なめらかなポタージュ状にしたものを最初は与えます。様子を見ながら少しずつ粒感を調整しましょう。

【 分量 】

米 1/2 カップ

＋

水 5 カップ

7〜8か月ごろ（中期）

様子を見ながら
少しずつかたさを調整します

7倍粥

まだ水分が多くとろみの強い7倍粥は、米を指でつぶすと簡単にくずれるのがかたさの目安です。水分が多く、ゆるゆるした状態。

【 分量 】

米 1/2 カップ

＋

水 3 1/2 カップ

| 9〜11か月ごろ（後期） | 12〜18か月ごろ（完了期） |

米の粒感を残して、
赤ちゃんのもぐもぐの促進を

5倍粥

やわらかい米粒が目で見てわかりますが、トロッとしてやわらかい状態。大人が通常食べるおかゆに近いくらいのかたさをイメージして。

ほとんど普通の白米と
変わらないかたさ

軟飯

普通の白米が少しやわらかいかな？と思うくらいがかたさの目安。赤ちゃんの噛む力に合わせて、水分量は調節してOKです。ゴールはすぐそこ！

【 分量 】

米 1/2 カップ

＋

水 2 1/2 カップ

【 分量 】

米 1/2 カップ

＋

水 1 1/2 カップ

おかゆの作り方

では、実際におかゆを作ってみましょう。
おかゆを炊く鍋は、ホーロー鍋や土鍋など火がじんわり回る厚手のものがおすすめ。
炊飯器に「おかゆコース」があればそれでももちろん作れますが、
鍋で炊くおかゆは味がやわらかいのが特徴です。

材料

米……1/2カップ
水……2 1/2カップ（5倍粥）

作り方

1　米を研いだら30分ほど水に浸す。

2　鍋を強火にかけ沸騰したら、鍋底に張りついた米をはがすようにして混ぜる。

3　ふたを少しずらして弱火で20分間煮込んだら、一度軽くかき混ぜ、そのまま10分ほど蒸らして完成。

・多めに作ったおかゆは常温では雑菌が増えてしまうため、
　作ったあとはできるだけ早く冷凍保存します。

・その日のうちに食べる分は冷蔵室でも保存できますが、多めに作った場合は
　製氷トレーなどで少しずつ分けて冷凍しておくと便利。

・冷凍室での保存が可能な期間は1週間です。

・雑菌が増える原因になるため、
　一度手をつけてしまったおかゆは保存せずに捨てるようにしましょう。

Spring

キャベツ

春先に出回るキャベツは「春キャベツ」「新キャベツ」、または「春玉」とも呼ばれ、この時期を代表する野菜のひとつ。葉がやわらかくとても甘いのが特徴です。

5〜6か月ごろ

キャベツが持つ水分をレンチンで上手に活用

キャベツのとろとろピューレ

材料（作りやすい分量）

キャベツ（みじん切り）
　…大さじ1（10g）
野菜だし…大さじ3

作り方

1. 耐熱容器にキャベツとだしを入れ、ラップをかけて電子レンジで約30秒加熱。
2. 1をすり鉢ですりつぶす。
3. 裏ごしをしてピューレ状にする。

Spring / キャベツ

5〜6か月ごろ

ふんわりくずした豆腐と合わせて

キャベツと豆腐のふわふわ

材料（作りやすい分量）

キャベツ…30g
絹ごし豆腐…大さじ3（30g）
野菜だし…適量

作り方

1 鍋にだしとキャベツを入れる。
2 キャベツがやわらかくなったら豆腐を入れる。
3 すり鉢で2をすりつぶしてなめらかにする。

パパシェフ MEMO

おいしい春キャベツの見分け方

1年中見かけるキャベツですが、実は旬が3回あります。離乳食に向いているのは、巻きがゆるく、葉が薄くてとてもやわらかい春のキャベツです。手に持ったとき、軽く空洞が多いものを選ぶのがコツ。芯に近い部分は硬いのでしっかりと火をいれるようにしてください。

> 7〜8か月ごろ

チーズデビューは脂肪分の少ないカッテージチーズがおすすめ

キャベツとカッテージチーズのコールスロー

材料（1食分）

キャベツ（みじん切り）
　…大さじ1（10g）
カッテージチーズ
　…小さじ1（5g）
野菜だし…大さじ2

作り方

1 耐熱容器にキャベツとだしを入れ、ラップをかけて電子レンジで約20秒加熱。
2 粗熱が取れたらカッテージチーズとあえる。

> 7〜8か月ごろ

しっかり煮込んで、
野菜の味をスープに移して

キャベツとささ身の
あんかけご飯

材料（1食分）

キャベツ（みじん切り）
　…大さじ3（30g）
玉ねぎ（みじん切り）
　…大さじ1（10g）
とりひき肉（ささ身）
　…大さじ1（15g）
昆布だし…大さじ3
水溶き片栗粉…小さじ1
7倍粥…30g

作り方

1 鍋にキャベツ、玉ねぎ、ひき肉、だしを入れて火にかける。
2 アクを取りながらやわらかくなるまで煮る。
3 途中、水分が減ってきたら水少々（分量外）を加える。
4 水溶き片栗粉でとろみをつける。
5 器に盛っておいたおかゆにかける。

> 9〜11か月ごろ

野菜もたんぱく質も
一緒に摂れる栄養満点うどん

キャベツとしらすの
煮込みうどん

材料（1食分）

キャベツ（みじん切り）
　…大さじ3（30g）
茹でうどん…40g
しらす干し（塩抜きしておく）
　…大さじ1（15g）
玉ねぎ（みじん切り）
　…大さじ1（10g）
かつお＆昆布だし…大さじ5

作り方

1 うどんは長さ2〜3mmにカット。
2 鍋にだし、1、玉ねぎ、キャベツ、しらすを入れる。
3 やわらかくなるまで煮込む。

手間がかかりそうなしらす干しの塩抜きですが、茶こしにしらす干しを入れ、上からゆっくり熱湯をかければあっという間に完了。

> 9〜11か月ごろ

コロンとしたかたちで食べやすい

ふんわり豆腐のロールキャベツ

材料（1食分）

- キャベツ…1枚
- 豚ひき肉…小さじ4（20g）
- 玉ねぎ（みじん切り）
  　…大さじ2（20g）
- にんじん（みじん切り）
  　…大さじ2（20g）
- 絹ごし豆腐
  　…大さじ2（20g）
- 片栗粉…小さじ1/2
- 塩…ごく少量
- かつお＆昆布だし…1カップ

作り方

1. キャベツは芯を取りやわらかくなるまで茹でる。
2. 横3×縦6cmくらいにカットして6枚作る。
3. ボウルにひき肉、玉ねぎ、にんじん、豆腐、片栗粉、塩を入れて粘りが出るまで混ぜる。
4. 3を6等分したら2のキャベツに載せてくるみ、爪楊枝で固定する。
5. 鍋にだしと4を入れ約5分、たねに火が通るまで煮る。

じゃがいも

> 皮が薄くやわらかい新じゃがいもは、香りも甘みも強いので、ふかすだけで赤ちゃんには立派なおやつに。大人は皮つきのままでそのおいしさを味わって。

5〜6か月ごろ

電子レンジを使って旨みも水分も逃さない

じゃがいものとろとろピューレ

材料（作りやすい分量）

じゃがいも…1/2個（75g）
野菜だし…50ml

作り方

1. じゃがいもを洗い、皮をむいて芽を取る。
2. 5mmくらいの角切りにする。
3. 耐熱容器に2とだしを入れラップをかけ、電子レンジで約30秒加熱。
4. やわらかくなったらすり鉢に移し、ピューレ状になるまでつぶす。

> 7〜8か月ごろ

お刺身用を使って魚介メニューを手軽に

じゃがいもと鯛のトマトシチュー

材料（1食分）

じゃがいも（5mm角）
　…大さじ2（20g）
昆布だし…1/2カップ
鯛の刺身…1切れ（10g）
玉ねぎ（粗みじん切り）
　…大さじ2（20g）
トマト（皮と種を取り除き5mm角）
　…大さじ2（20g）

作り方

1 鍋にだしと鯛を入れて火にかけ、沸騰したら弱火に。
2 鯛に火が通ったら取り出してほぐしておく。
3 1の鍋にじゃがいも、玉ねぎ、トマトを入れて煮込む。
4 やわらかくなったら鯛を戻してひと煮立ちさせる。

鯛に火が通ったら一旦取り出すことで、食感がボソボソになるのを防ぐ。

> 7〜8か月ごろ

じゃがいものとろみを生かしたやさしい風味のスープ

じゃがいもとりんごのポタージュ

Spring

じゃがいも

材料（作りやすい分量）

じゃがいも（すりおろす）
　…大さじ3（30g）
りんご（すりおろす）
　…大さじ3（30g）
野菜だし…1/2カップ

作り方

1　鍋にすべての材料を入れる。
2　鍋底が焦げないように注意しながら5分ほど煮る。
3　とろとろしてきたら完成。

春に出回る新じゃがいもは水分が多いので、簡単にすりおろすことができる。

> 9〜11か月ごろ

ごろっと煮た春野菜と手羽元の旨みたっぷり

春のポトフ

材料（作りやすい分量）

※大人用を作り、食べられる分だけ取り分けます。

じゃがいも…4個（600g）
にんじん…1本（200g）
玉ねぎ…1個（200g）
手羽元…4本
昆布だし…3 1/2カップ
塩…適量

作り方

1 じゃがいもは皮をよく洗っておく。にんじんは皮をむき天地を落とす。玉ねぎは皮をむき芯を取る。
2 鍋にだし、塩ひとつまみ、手羽元、1の野菜をすべて入れて火にかける。
3 沸騰したらアクを取りながら、弱火で煮込む。
4 赤ちゃん用の具材を取り出し、じゃがいもは皮をむき、手羽元の脂の多い部分や骨を取り除き、他の具材も食べやすい大きさにカットして器に盛る。

赤ちゃん用の野菜を取り出したら、ソーセージや塩を足して大人用を完成させる。

> 9〜11か月ごろ

マッシュしたじゃがいもとパスタを重ねたボリュームメニュー

じゃがいものミートソースラザニア風

Spring

じゃがいも

材料（1食分）

- じゃがいも…1/4個（40g）
- パスタ…10本
- とりひき肉（ささ身）
  …大さじ1（15g）
- 玉ねぎ、にんじん
  （粗みじん切り）
  …各大さじ1（10g）
- トマト
  （皮と種を取り除き5mm角）
  …大さじ1（15g）
- 水…50ml
- ケチャップ…小さじ1

作り方

1. じゃがいもは洗って皮をむき5mm角に切り、耐熱容器に入れラップをかけ電子レンジで串が通るくらいまで約40秒加熱。
2. 1をマッシャーかすり鉢でマッシュしておく。
3. パスタは袋の表示より長めにやわらかくなるまで茹でて、2〜3cm長さにカットする。
4. 鍋にひき肉、玉ねぎ、にんじん、トマトを入れ炒める。
5. 野菜が透き通ってきたら水を入れる。
6. 水分が少なくなったらケチャップを入れ、軽く火を通す。
7. 器にマッシュしたじゃがいも、パスタ、6のミートソースの順番で重ねて盛りつける。

玉ねぎ

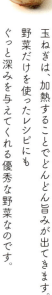

玉ねぎは、加熱することでどんどん旨みが出てきます。野菜だけを使ったレシピにもぐっと深みを与えてくれる優秀な野菜なのです。

5〜6か月ごろ

じっくり煮て、旨みを引きだそう
玉ねぎのとろとろピューレ

材料（作りやすい分量）

玉ねぎ…1/2個（100g）
野菜だし…150ml

作り方

1. 玉ねぎは皮と芯を取り除き粗みじん切りにする。
2. 鍋にだしと1を入れ、アクを取りながらやわらかくなるまで煮込む。
3. 2をすり鉢ですりつぶす。

Spring

| 7〜8か月ごろ |

甘い玉ねぎと白身魚のやさしい味

玉ねぎと白身魚のおかゆ

玉ねぎ

材料（1食分）

玉ねぎ（粗みじん切り）
　…大さじ4（40g）
昆布だし…100ml
白身魚の刺身（平目、鯛など）
　…1切れ（10g）
ほうれん草（茹でてみじん切り）
　…大さじ2（20g）
7倍粥…30g

作り方

1. 鍋にだしを沸かして白身魚を入れる。
2. 火が通ったら取り出して手でほぐす。
3. 白身魚を取り出した鍋に玉ねぎを入れやわらかくなるまで煮込む。
4. 水分が足りなくなったら水（分量外）を足して調節する。
5. ほうれん草と2の白身魚を入れさっと煮込んだらおかゆにかける。

パパシェフ MEMO

火の力を借りて、甘みと旨みを引き出そう

玉ねぎは火を通すことで香り、旨み、甘みがどんどん増していく野菜なので、薄味が基本の離乳食にはもってこいの野菜。新玉ねぎが手に入ったら、大人はぜひ生のまま味わっていただきたいですが、赤ちゃん用にはしっかり加熱して。形はより球形に近いものを選びましょう。

> 9〜11か月ごろ

プルプル食感は赤ちゃんの大好物！
玉ねぎととり肉の茶碗むし

材料（1食分）

玉ねぎ（粗みじん切り）…大さじ4（40g）
菜の花…1本(20g)
かつお＆昆布だし…1カップ
とりひき肉（ささ身）…小さじ2（10g）
卵…1個
塩…ごく少量

作り方

1 玉ねぎは皮と芯を取り除き、粗みじん切りに。

2 菜の花はやわらかく茹でて、つぼみの部分だけみじん切りにする。

3 鍋にだしを沸かし、ひき肉、玉ねぎを入れやわらかくなるまで煮る。

4 粗熱が取れたらざるでこし煮汁と具を分けておく。

5 別のボールに卵を溶きほぐし、3の煮汁150mlと塩を入れて混ぜる。

6 ざるでこして、なめらかにする。

7 耐熱容器に6を流し込み、フライパンに耐熱容器の高さ1/3くらいに水を張り沸騰させ、容器を並べてふたをする。

8 卵液が固まるまで弱火で約10分加熱。2と4の具材を盛りつける。

Spring

玉ねぎ

かぶ

大根に比べてアクもえぐみも少ないかぶは、根菜デビューにもってこいの野菜。慣れてきたら葉っぱも使って、旬のかぶを丸ごと味わおう。

5〜6か月ごろ

やわらかい部分を上手に使って

かぶのとろとろピューレ

材料（作りやすい分量）

かぶ…1個（20g）
野菜だし…1/2カップ

作り方

1 かぶの皮を厚くむき、すりおろす。
2 鍋にだしを沸かし、すりおろしたかぶを入れる。
3 味みをしてみて、かぶの甘みが出てきたら完成。

煮ても残ってしまうかぶの繊維は、口当たりを悪くしてしまう原因。皮は5mmほど厚くむいてその繊維も一緒に取り除きましょう。

> 7〜8か月ごろ

旬のかぶは、葉っぱまでおいしい

かぶの2色の ポタージュ

材料（1食分）

かぶ…1/2個（約50g）
かぶの葉…2枚
昆布だし…1/2カップ

作り方

1 かぶは皮を厚くむき5mm角に切る。
2 葉は軸を除いて葉っぱのみをやわらかく茹で、みじん切りにする。
3 2をすり鉢ですりつぶしてピューレ状にしておく。
4 鍋にだしを沸かし1を入れやわらかくなるまで煮る。
5 飾りつけ用にかぶを4〜5個ほど取り出し、残りはすり鉢ですりつぶしピューレ状にする。
6 器に5のピューレ、葉のピューレ、飾りつけ用のかぶの順に盛りつける。

> 9〜11か月ごろ

大人用から取り分けてつくります

かぶとタラの 炊き込みごはん

材料（1食分）

※大人用を作り、食べられる分だけ取り分けます。

かぶ（7mm角）…1個（80g）
米…2合
しょうゆ、みりん、酒
　…各小さじ1
にんじん（7mm細切り）
　…1/4本（50g）
しいたけ（7mm角）…3個
生ダラ…1切れ（100g）
白すりごま…少々

作り方

1 米は研いで30分以上浸水させ、ざるに上げておく。
2 炊飯器に1と調味料、皮を除いて一口大に切ったタラと具材も加える。
3 普通の水分量になるまで水を加え炊飯器で炊く。
4 炊いているあいだに、軸を除いたかぶの葉をやわらかく茹で粗みじん切りにしておく。
5 炊きあがったご飯をさっくりと混ぜ、食べる分だけ小鍋に移し、水を少しずつ加えながら好みのかたさまで調整しながら煮る。
6 器に盛ってすりごまと4をのせる。

アスパラガス

旬のアスパラガスは太くて、みずみずしさをたっぷり味わえるのが魅力。下ごしらえのコツさえつかめば、離乳食にも使えます。

> 7～8か月ごろ

アスパラとしらす、春の香りが広がるひと皿

アスパラとしらすの豆乳リゾット

材料（1食分）

- グリーンアスパラガス …1本（30g）
- しらす干し（塩抜きしておく） …大さじ1（15g）
- 昆布だし…大さじ3
- 豆乳…大さじ1
- ご飯…30g

作り方

1. アスパラガスは根元のかたい部分を切り落とし、皮とはかまを取り除く。
2. やわらかくなるまで茹で、5mm角にカット。
3. 鍋にしらす、昆布だし、豆乳、ご飯を入れ煮る。
4. ご飯がやわらかくなったら器に盛り、2をのせる。

すじっぽさを残さず口あたりを良くするために、ピーラーを使って、穂先のすぐ下から皮とはかまをしっかり取り除きます。

> 9～11か月ごろ

食感と彩りのバリエーションを楽しもう

アスパラととり肉のそうめんチャンプルー

Spring

アスパラガス

材料（1食分）

- グリーンアスパラガス…1本（30g）
- そうめん…20g
- 玉ねぎ（長さ1cm細切り）…大さじ2（20g）
- にんじん（長さ1cm細切り）…大さじ3（30g）
- しいたけ…1/2個
- とりひき肉（ささ身）…大さじ1 1/2（15g）
- かつお＆昆布だし…大さじ1
- 塩…ごく少量

作り方

1. そうめんはやわらかく茹でたら水にさらして、2cm長さにカット。
2. アスパラガスは穂先から下5cmのみを切り出す。
3. 2をやわらかく茹でてから1cm角にカット。
4. しいたけは半分に切りスライスしておく。
5. フライパンにひき肉と野菜をすべて入れ炒める。
6. 野菜に火が通ったら1を入れさっと炒める。
7. だしと塩を加え水分を飛ばしながらさらに炒める。

菜の花

春の訪れを告げるように花をつける菜の花は、実はとても栄養価の高い野菜。環境の変化も多いこの季節、ぜひ取り入れてみてください。

9〜11か月ごろ

菜の花としらす、旬の味がつまったメニュー
菜の花としらすのみぞれあんかけ丼

材料（作りやすい分量）

菜の花…1本（20g）
大根おろし…大さじ1（20g）
しらす干し（塩抜きしておく）
　…大さじ1（15g）
かつお＆昆布だし…大さじ3
水溶き片栗粉…小さじ1
しょうゆ…1滴
5倍粥…50g

作り方

1. 菜の花は茎のかたい部分を取り除きみじん切りにする。
2. だしを沸かした鍋に菜の花としらすを入れ、やわらかくなるまで煮る。
3. 大根おろしを加え軽く煮込み、しょうゆを加える。
4. 水溶き片栗粉を加えとろみをつける。
5. 器に盛ったおかゆにかける。

9〜11か月ごろ

真っ赤なサラダで赤ちゃんを驚かそう

フルーツトマトといちごのサラダ

いちご

毎年12月ごろには店先に並びはじめるいちご。本来の旬は春。甘酸っぱいいちごを頬張る赤ちゃんは、何とも言えぬ愛らしさです。

材料（1食分）

フルーツトマト…1個
いちご…2個

作り方

1 トマトは皮をむき種を取る。
2 トマトとイチゴをそれぞれ5mm〜1cm角にカット。
3 2を混ぜる。

Summer

トマト

夏野菜の代表、トマト。日光をたくさん浴びたこの時期のトマトは青くささがなくフルーティー。野菜が好きになるチャンスは夏にたくさん訪れます。

5〜6か月ごろ

玉ねぎの旨みでトマトの酸味もまろやかに

トマトと玉ねぎの とろとろピューレ

材料（作りやすい分量）

トマト…1個（200g）
玉ねぎ…1/2個（100g）
野菜だし…1カップ

作り方

1 トマトは皮と種を取り粗みじん切りに。玉ねぎも粗みじん切りにする。
2 鍋にだしと1を入れやわらかくなるまで煮る。
3 2をすり鉢でピューレ状になるまで混ぜる。

7〜8か月ごろ

プルプル食感で、トマトが嫌いな子も思わずパクリ

トマトとおだしの ジュレ

材料（1食分）

トマト…1/8個（30g）
昆布だし…80ml
粉ゼラチン…2g

作り方

1 トマトは皮と種を取り粗みじん切りにする。
2 ゼラチンに浄水大さじ1（分量外）を入れてふやかしておく。
3 鍋にだしとトマトを入れ、ひと煮立ちさせたら2を入れ混ぜる。
4 器に流し入れ、冷蔵室で約30分冷やし固める。

9〜11か月ごろ

赤ちゃんから"子ども"へ。
成長を感じるメニュー

はじめてのナポリタン

Summer　トマト

材料（1食分）

パスタ…30g
玉ねぎ…1/10個（20g）
とりひき肉（ささ身）
　…小さじ2（10g）
ケチャップ…小さじ1
トマトジュース（食塩不使用）
　…20ml
粉チーズ…ひとつまみ
トマト…1/8個（30g）

作り方

1. パスタは袋の表示より長めにやわらかくなるまで茹で、2〜3cm長さにカットしておく。
2. 玉ねぎは皮をむき、粗みじん切りにする。トマトも皮と種を取り粗みじん切りにする。
3. フライパンにひき肉と2を入れ、よく炒める。
4. ケチャップを入れ軽く炒めたら1とトマトジュースを入れる。
5. トマトジュースの水分が飛んだら器に盛り、粉チーズをかける。

パパシェフ MEMO

トマトの皮は、湯むきより"焼きむき"で手間なし！

トマトの皮は口に残り、すりつぶすのも難しいので、きちんと取ることが大切です。ただ、1個のトマトのためにお湯を沸かして湯むきするのは面倒ですよね。そんなときは焼きむきがおすすめ。フォークを刺して、火で炙ると皮を簡単にむくことができます。また、焼きむきだと水っぽくならないので扱いやすくなります。

9〜11か月ごろ

じゃがいもと豆乳を使ったやさしいベシャメルソースがポイント

トマトとズッキーニのグラタン

材料（1食分）

トマト…1/10個（20g）
じゃがいも…1/5個（30g）
ズッキーニ…1/10本（20g）
豆乳…大さじ2
ナチュラルチーズ…5g

作り方

1 じゃがいもは皮と芽を取り5mm角にカットし、耐熱容器に入れラップをかけ電子レンジで約40秒加熱する。

2 皮と種を取ったトマトとズッキーニを1cm角にカット、耐熱容器に入れラップをかけ電子レンジで約40秒加熱。

3 ボウルに1と豆乳を入れよく混ぜ合わせ、豆乳ベシャメルソースを作る。

4 器にソースを流し、その上に2、チーズの順にのせたらラップをせずに電子レンジで約30秒加熱。チーズがとろけたら完成。

パパシェフ MEMO

ベシャメルソースはまとめて作って冷凍に。

豆乳ベシャメルソースは冷凍しておくと便利です。上記のようなグラタン以外にも、パスタソースにしたり、豆乳や牛乳で少しのばしてシチューにするなどとても重宝します。ジッパー付き保存袋に入れたら箸などで押し型をつけておくと、冷凍中でも必要な分だけパキッと折って取り分け可能。もちろん、製氷トレーでも良いでしょう。

とうもろこし

5〜6か月ごろ

一度にたっぷり作って上手に使いまわそう

とうもろこしのとろとろピューレ

夏のあいだはおやつとしても活躍するとうもろこし。薄皮があるので初期のころは少し手間がかかりますが、まとめて下ごしらえをして、さまざまな食材と合わせてみて。

材料（作りやすい分量）

とうもろこし…1/2本（100g）
野菜だし…適量

作り方

1. 鍋にとうもろこしの粒（右頁参照）とだしを入れ、やわらかくなるまで煮る。
2. すり鉢だと薄皮がつぶしにくいので、ブレンダーやミキサーでピューレ状にし、裏ごしする。
3. もったりしていたらだしを加えて調節する。

> 7〜8か月ごろ

納豆好きの赤ちゃんなら、
ぜひ試してほしい組み合わせ

納豆の
とうもろこし和え

材料（1食分）

とうもろこしの
とろとろピューレ（左頁参照）
　…大さじ1
ひきわり納豆…大さじ1

作り方

1　ひきわり納豆は湯通しをしてぬめりを取る。
2　とうもろこしのピューレと1を合わせる。

パパシェフ MEMO

とうもろこしは、まず粒を落とすのが100本流！

離乳食で使うとうもろこしは、あらかじめ粒を取ってから茹でるのがおすすめ。取った粒を野菜だしで煮ていくあいだにとうもろこしの旨みが染み出し、とてもおいしく仕上がるからです。とうもろこしを立てて、包丁を下に向かってスライドさせながら粒をこそぎ落とします。意外に簡単なのでぜひトライしてみてください。

> 9〜11か月ごろ

とろとろパンがゆに、とうもろこしの粒のアクセントをきかせて

とうもろこしのパン粥

材料（1食分）

とうもろこしの
とろとろピューレ（P48参照）
　…大さじ3
とうもろこし…10粒
食パン…1/2枚
野菜だし…適量

作り方

1 とうもろこしを野菜だしでやわらかくなるまで煮ておく。
2 耳を取り除いた食パンを細かくちぎる。
3 とろとろピューレとパンを鍋に入れて火にかけやわらかくなるまで煮込む。水分が足りないときは1の野菜だしを足す。
4 器に移し、1をのせる。

> 9〜11か月ごろ

とうもろこしとバターは鉄板コンビ
とうもろこしのピラフ

Summer
とうもろこし

材料(1食分)

とうもろこし…1/10本(20g)
野菜だし…適量
玉ねぎ(みじん切り)
　…大さじ2(20g)
にんじん(みじん切り)
　…大さじ2(20g)
バター…小さじ1/3
5倍粥…60g

作り方

1 鍋にだしを沸かし、とうもろこしの粒、玉ねぎ、にんじんを入れてやわらかくなるまで煮る。

2 ボウルに1とおかゆ、バターを入れ、バターが溶けるまで混ぜる。

パプリカ

国産で大ぶりのパプリカが手に入りやすい時期。分厚い身は火をじっくり入れることでとろーり甘くなります。カラフルな見た目もぜひ楽しんで。

パパシェフ MEMO

ピーマンよりも甘くて食べやすい！
実は離乳食にとても使えるパプリカ

離乳食で使うイメージのないパプリカ。実はピーマンよりも肉厚で、じっくり火を入れると甘みが出てくるので、離乳食向き。使うときはオーブンで20分ほどグリルを。時間はかかりますが、一度オーブンに入れれば放ったらかしなので意外に手間なし。グリルすると簡単に皮むきすることが可能に。半分にカットして魚焼きグリルで焼いても可。

この時期のパプリカは甘みが強くジューシーなので、大人もぜひシンプルなメニューで味わってみてください。まるごと1個焼いたら＜オリーブオイル大さじ1＞と＜塩小さじ1/3＞で和えて冷蔵室で1時間ほど休ませます。夏らしいさっぱりしたオードブルに。

[7〜8か月ごろ]

一度にたっぷり作って上手に使いまわそう

焼きパプリカの ピューレ

材料（作りやすい分量）

赤パプリカ…小1個（80g）
野菜だし…適量

作り方

1 180℃に予熱したオーブンでパプリカを20分ほど焼く。
2 全体的に黒く焦げ目がついたら取り出し、水につけながら皮をむく。
3 種とヘタを取り除き、粗みじん切りに。
4 だしを入れて沸かした鍋に3を入れてやわらかくなるまで煮込む。
5 裏ごし、もしくはすり鉢を使ってピューレ状にする。

[9〜11か月ごろ]

お魚好きの赤ちゃんに、
おすすめの本格メニュー

パプリカの パエリア風リゾット

材料（1食分）

パプリカ…1/8個（10g）
玉ねぎ（みじん切り）
　…大さじ3（30g）
生ダラ（茹でてほぐす）
　…大さじ1（15g）
ご飯…50g
トマトジュース（塩分不使用）
　…50ml
粉チーズ…少々

作り方

1 パプリカは上記の「焼きパプリカのピューレ」と同じように火を通し、皮をむき粗みじん切りにする。
2 鍋を熱し玉ねぎを炒め、火が通ったらご飯、タラ、トマトジュース、1を入れ水分がなくなるまで煮込む。
3 器に2を盛り粉チーズをかける。

Summer　パプリカ

なす

なすに限らず、旬の野菜はアクが強いものが多いもの。それだけ味が濃く、栄養価も高いということですが、赤ちゃんにとってはえぐみや苦みを感じる大敵。しっかりアク抜きをしてあげましょう。

5〜6か月ごろ

水にさらしてアク抜きを忘れずに

なすのとろとろピューレ

材料（作りやすい分量）

なす…1本（80g）
野菜だし…適量

作り方

1 なすは皮をむき、輪切りにして10分ほど水にさらす。

2 だしでやわらかくなるまで煮て、すり鉢ですりつぶす。

7〜8か月ごろ

夏といえばおそうめん

なすとしらすの にゅうめん

材料（1食分）

なす…1/8本（10g）
そうめん…20g
しらす（塩抜きしておく）
　…大さじ1（15g）
昆布だし…50ml

作り方

1 なすは皮をむき、5mm角に切って10分ほど水にさらす。
2 そうめんはやわらかく茹で、流水でよく洗い2cm長さにカット。
3 鍋にすべての材料を入れ、なすがやわらかくなるまで煮込む。

9〜11か月ごろ

なすとみその鉄板コンビ

とり肉となすのみそ煮込み

材料（1食分）

なす…1/4本（20g）
玉ねぎ（5mm角）
　…大さじ4（40g）
にんじん（5mm角）
　…大さじ2（20g）
とりひき肉（ささ身）
　…小さじ2（10g）
かつお＆昆布だし…50ml
みそ…1g
砂糖…ごく少量

作り方

1 なすは皮をむき、5mm角に切って10分ほど水にさらす。
2 玉ねぎとにんじんは、耐熱容器に入れラップをかけ電子レンジで約1分加熱。
3 鍋にひき肉と野菜を入れ炒める。
4 ひき肉に火が通ったらだし、みそ、砂糖を入れる。
5 水分がほぼなくなったら完成。

ズッキーニ

咀嚼が上手になってきた赤ちゃんにおすすめしたいズッキーニ。じっくり煮込んでも食感が残るので、もぐもぐすることがもっと楽しくなるかも。

> 9〜11か月ごろ

野菜だしと野菜だけなのに、しっかりコクのある煮物

ズッキーニとかぼちゃの煮物

材料（作りやすい分量）

ズッキーニ…大さじ3（30g）
かぼちゃ…大さじ3（30g）
野菜だし…1/2カップ

作り方

1 ズッキーニは5mm角に切り水にさらし、アク抜きをする。
2 かぼちゃは皮とワタを取り、5mm角に。
3 鍋にすべての材料を入れやわらかくなるまで煮込む。

ズッキーニもアクの強い野菜のひとつ。カットしたらすぐに水に放って。さらし過ぎると栄養素が逃げてしまうので10分程度に。

[7〜8か月ごろ]

彩りも夏らしい、さわやかなおかゆ

ズッキーニと しらすのおかゆ

材料（1食分）

ズッキーニ…大さじ3（30g）
しらす（塩抜きしておく）
　…大さじ1（15g）
玉ねぎ（みじん切り）
　…大さじ1（10g）
昆布だし…60ml
7倍粥…30g

作り方

1. ズッキーニは皮をむいて5mm角に切り水にさらし、アク抜きをする。
2. 鍋におかゆ以外のすべての材料を入れ、やわらかくなるまで煮込む。
3. 器におかゆを盛り、2をかける。

[9〜11か月ごろ]

後期になったら、油も少しずつ使ってみよう

ズッキーニととり肉の ミネストローネ

材料（1食分）

ズッキーニ…大さじ3（30g）
玉ねぎ…大さじ1（10g）
にんじん…大さじ1（10g）
とりひき肉（ささ身）
　…大さじ1（15g）
かつお＆昆布だし…50ml
トマトジュース
　（食塩不使用）…50ml
オリーブオイル…ごく少量

作り方

1. ズッキーニは5mm角に切り水にさらし、アク抜きをする。
2. 5mm角に切った玉ねぎとにんじんは耐熱容器に入れ、ラップをかけ電子レンジで約1分加熱する。
3. 鍋に油をひき、ひき肉を炒める。
4. 肉に火が通ったら、野菜とだしを入れる。
5. 野菜がやわらかくなったらトマトジュースを入れる。
6. アクを取りながら少々煮込む。

枝豆

枝豆は、大人にとっても夏の楽しみのひとつ。気になる薄皮は手で取り除けるので楽ちん。家族で旬を味わおう。

5〜6か月ごろ

薄皮を取るのを忘れずに

枝豆のとろとろピューレ

材料（作りやすい分量）

枝豆（さやつき）…50g
野菜だし…適量

作り方

1 枝豆はやわらかく茹で、さやから出して薄皮を取り除く。
2 すり鉢ですりつぶしながら野菜だしでのばす。

7〜8か月ごろ

ちょっと食欲ないかも？というときに

ずんだごはん

材料（1食分）

枝豆（さやつき）…20g
7倍粥…30g

作り方

1 枝豆はやわらかく茹で、さやから出して薄皮を取り除く。
2 すり鉢ですりつぶしたら、おかゆと混ぜる。

> 9〜11か月ごろ

つかみ食べの練習にもぴったり

枝豆ととうもろこしのおやき

Summer

枝豆

材料（1食分）

枝豆（さやなしで）…30g
とうもろこし…20g
片栗粉…小さじ1
かつお＆昆布だし…適量
サラダ油…ごく少量

作り方

1. 枝豆はやわらかく茹で、さやと薄皮を取り除いたらすりつぶす。
2. とうもろこしはやわらかく茹でておく。
3. ボウルに1と2と片栗粉を入れよく混ぜる。
4. 生地がもったりするまで少しずつだしを加える。
5. 1/4量ずつ丸形にまとめ、フライパンに薄く油をひき、両面に焼き色がつくまで焼く。

生地のかたさは、スプーンで混ぜたときにもったりするくらいが目安。

Autumn

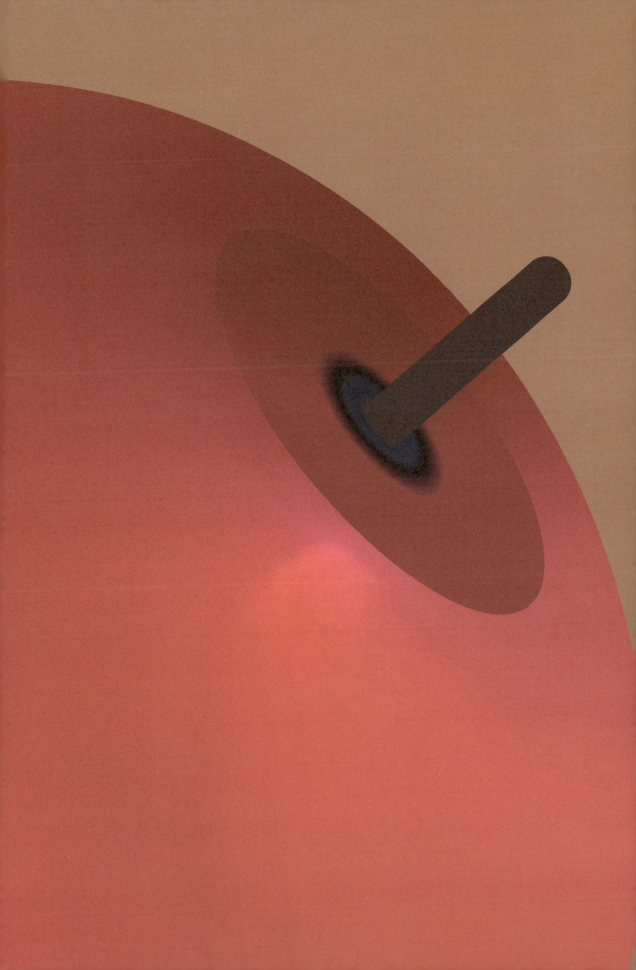

にんじん

いつでも手に入るにんじんですが、旬は秋。甘みが強く、栄養価も高いのが特徴です。大人も一緒にまずはシンプルな調理で素材の味を楽しんで。改めてにんじんのおいしさに出会えるはずです。

パパシェフ MEMO

にんじんは大きいまま茹でるのが正解！

にんじんは実は小さく刻んでから茹でると旨みが逃げてしまいがち。そして、小さく刻んだからといってすぐに火が通るわけでもないんです。あとから小さくするのだから大きいサイズで茹でれば大丈夫。茹でてから、小さく切るなりすりおろすなり、調理を開始。時間に余裕があるタイミングに、大きいまま茹で、仕込んでおくと便利です。

やわらかさの目安は初期、中期、後期いずれも指先でつまんで簡単につぶせる程度。どのメニューにおいても、このかたさをベースに成長に応じてカットする大きさを変えていきます。

> 5〜6か月ごろ

まずは、にんじん本来の味を味わってみよう

にんじんのとろとろピューレ

Autumn

にんじん

材料（作りやすい分量）

にんじん…1/2本（100g）
野菜だし…適量

作り方

1 にんじんの皮をむく。
2 湯を沸かした鍋で茹でる。
3 やわらかくなったらすり鉢などですりつぶす。
4 だしでのばす。

9〜11か月ごろ

刺身用のまぐろを使って、
簡単でおいしい煮物

にんじんとまぐろ、かぶの含め煮

材料（1食分）

にんじん
（茹でて5mm角）
　…大さじ3（30g）
刺身用のまぐろ（赤身）
　…1切れ（10g）
かぶ（5mm角）
　…大さじ1（10g）
かつお＆昆布だし…60ml

作り方

1 まぐろは茹でてほぐしておく。
2 鍋にだしを沸かし、かぶとにんじんを入れて煮る。
3 だしが少なくなってきたら1を入れてさっと煮る。

7〜8か月ごろ

バナナのやさしい甘みが広がる

にんじんとバナナのポタージュ

材料（1食分）

にんじん…1/10本（20g）
バナナ…1/6本（20g）
野菜だし…80ml

作り方

1 やわらかく茹でたにんじんを粗みじん切りに。
2 鍋にすべての材料を入れ少し煮込む。
3 裏ごししてポタージュ状にする。

9〜11か月ごろ

大きめ野菜にとろみをつけてもぐもぐの練習！

にんじんとひき肉の あんかけにゅうめん

材料（1食分）

にんじん
　（茹でて5mm角）
　　…大さじ2（20g）
玉ねぎ
　（茹でて粗みじん切り）
　　…大さじ1（10g）
そうめん…30g
豚ひき肉…小さじ2（10g）
かつお＆昆布だし…1/2カップ
水溶き片栗粉…小さじ2

作り方

1 そうめんはやわらかく茹でてよく流水にさらし長さ2cmにカット。
2 鍋でひき肉を炒める（脂が多い場合はキッチンペーパーでふき取る）。
3 にんじんと玉ねぎを加えて軽く炒める。
4 だしを入れて野菜がやわらかくなるまで煮込む。
5 1を入れて水溶き片栗粉でとろみをつける。

Autumn

にんじん

9〜11か月ごろ

バターが香る、つけ合わせの定番

にんじんのグラッセ

材料（1食分）

にんじん（茹でて5mm角）
　……大さじ3（30g）
野菜だし……60ml
バター（食塩不使用）……2g

作り方

1 鍋ににんじんとだしを入れる。
2 やわらかくなるまで煮込む。
3 仕上げにバターを入れさっと煮る。

かぼちゃ

"赤ちゃんの好きな野菜"ナンバー1とも言えるかぼちゃ。選ぶときはまず皮の色をチェック。成熟して甘みが強くなると皮が黒くなるので、より色が濃く、黒っぽいものをチョイスして。

> 5〜6か月ごろ

かぼちゃの甘みに、野菜だしでコクをプラス

かぼちゃのとろとろピューレ

材料（作りやすい分量）

かぼちゃ…1/8個（150g）
野菜だし…適量

作り方

1 かぼちゃの皮とワタ、種を取り、一口大に切る。
2 鍋に1を入れ、ひたひたになるくらいのだしを入れ、やわらかくなるまで煮る。
3 ブレンダーもしくは裏ごし器でこしてピューレ状にする。

[7〜8か月ごろ]

からだも温まる、まろやかな豆乳スープ

かぼちゃと豆乳のポタージュ

Autumn

かぼちゃ

材料（1食分）

かぼちゃ（5mm角）
　…大さじ3（30g）
豆乳…大さじ1
昆布だし…大さじ3

作り方

1 鍋にすべての材料を入れる。
2 かぼちゃがやわらかくなったらスープごと裏ごしする。

> 7〜8か月ごろ

「ほうとう」をイメージして考えました

かぼちゃと豆腐のおうどん

材料（1食分）

かぼちゃ（5mm角）
　…大さじ2（20g）
茹でうどん…20g
昆布だし…100ml
絹ごし豆腐（5mm角）
　…大さじ2（20g）

作り方

1　うどんをやわらかく茹でて2cm長さに切っておく。
2　鍋にだしとかぼちゃを入れて煮る。
3　かぼちゃがやわらかくなったら豆腐と1を入れてさっと煮る。

> 9〜11か月ごろ

魚が苦手な子に試してほしい、おかずパンケーキ

かぼちゃとツナのパンケーキ

Autumn / かぼちゃ

材料（1食分）

かぼちゃ…50g
刺身用まぐろ（赤身）
　…2切れ（20g）
片栗粉…小さじ1
かつお＆昆布だし…適量
サラダ油…ごく少量

作り方

1 かぼちゃは皮と種、ワタを除きラップで包み、串が通るくらいまで電子レンジで約3分加熱。
2 まぐろは茹でてほぐしておく。
3 ボウルにかぼちゃを入れてフォークで粗めにつぶし2を入れて混ぜる。
4 3に片栗粉を入れ、生地がかたかったらだしを入れて調整する。
5 4等分の小判形にまとめたらフライパンに油をひき、両面に焼き目がつくまで焼く。

9〜11か月ごろ

もちもちのニョッキは、多めに作って冷凍しておこう

かぼちゃニョッキのトマト煮込み

材料（1食分）

- かぼちゃ…40g
- とりひき肉（ささ身）…小さじ2（10g）
- 玉ねぎ（みじん切り）…大さじ2（20g）
- 米粉…大さじ2（30g）
- トマトジュース（食塩不使用）…30ml
- かつお＆昆布だし…50ml
- 水…適量

作り方

1 皮と種、ワタを取ったかぼちゃはラップで包み、串が通るくらいまで電子レンジで約3分加熱。

2 ボウルにかぼちゃと米粉を入れてよくこねる。耳たぶくらいのかたさになるよう水で調整する。

3 2を棒状にし、1cm長さにカット。

4 3を沸騰した湯で2分茹でる。

5 別の鍋で玉ねぎとひき肉を炒め、ひき肉の色が変わったらトマトジュースとだしを入れ、玉ねぎがやわらかくなるまで煮る。

6 5にニョッキを入れて軽く煮込んだら完成。

さつまいも

5～6か月ごろ

アク抜きは10分を目安に水にさらし過ぎもNG。

さつまいものとろとろピューレ

"赤ちゃんの好きな野菜"ナンバー1の座をかぼちゃと争う(？)さつまいも。皮のすぐ下にアクが集中しているので、かぶと同様に皮は厚くむくようにしましょう。

材料（作りやすい分量）

さつまいも…1/2個（100g）
野菜だし…適量

作り方

1 さつまいもの皮を厚めにむき1cm角にカット。
2 水にさらしてアクを抜く。
3 だしでやわらかくなるまで煮る。
4 すり鉢やブレンダーでピューレ状にする。

> 7〜8か月ごろ

最後におかゆと混ぜておじや風に

さつまいもとひき肉のとろとろ粥

Autumn

さつまいも

材料（1食分）

さつまいも（5mm角）
　…大さじ2（20g）
とりひき肉（ささ身）
　…小さじ2（10g）
7倍粥…20g
昆布だし…1/2カップ

作り方

1 カットしたさつまいもは水にさらしてアクを抜いておく。
2 鍋におかゆ以外のすべての材料を入れ、さつまいもがやわらかくなるまで煮る。
3 2におかゆを入れて軽く混ぜてなじませる。

> 9〜11か月ごろ

さつまいもの食感を残して混ぜるのがポイント

さつまいも団子のスープ仕立て

材料（1食分）

さつまいも…1/6本（30g）
とりひき肉（ささ身）
　…小さじ4（20g）
絹ごし豆腐…大さじ2（20g）
片栗粉…10g
かつお＆昆布だし…適量

作り方

1 さつまいもの表面を水で濡らす。
2 ラップで包み電子レンジで串が通るまで約3分加熱。
3 ボウルに2、ひき肉、豆腐、片栗粉を入れ粘りが出るまで混ぜる。
4 鍋にだしを沸かし、3をスプーンで一口大にしながら落とし入れる。
5 最後の団子を入れてから約2分煮たら完成。

団子は丸めなくてOK。ティースプーンなどですくったら直接鍋へ落とす。

9〜11か月ごろ

安納芋なら、砂糖なしでも立派なおやつに

安納芋のスイートポテト

Autumn

さつまいも

材料（1食分）

安納芋…1/4本（50g）
豆乳…大さじ3

作り方

1 安納芋をラップで包み、電子レンジで串が通るまで約3分加熱。
2 皮をむいてボウルに移し、豆乳を加える。
3 食べやすい大きさに成形する。
4 アルミホイルにのせてオーブントースターで焼き目がつくまで1〜2分焼く。

れんこん

大人にとっても、なかなか歯ごたえのあるれんこん。だからこそ最初はすりおろしてあげますが、もぐもぐが上達してきたら、れんこんならではのもっちり食感をぜひ楽しませてあげたい。

7～8か月ごろ

とろとろれんこんに大根のアクセントがきいた、料亭風メニュー

しらすとれんこんのすり流しあん

材料（1食分）

れんこん…小1/3節（50g）
昆布だし…1/2カップ
大根（5mm角）
　…大さじ2（20g）
しらす干し（塩抜きしておく）
　…大さじ2（30g）
水溶き片栗粉…小さじ2

作り方

1. れんこんは皮をむいて水に10分ほどさらし、アクを抜く。
2. 水から茹でてやわらかくなったら、おろし金ですりおろす。
3. 鍋にだしと大根を入れやわらかくなるまで煮る。
4. しらすと2を加える。
5. 水溶き片栗粉でとろみをつける。

れんこんはすりおろすことによってとろみが出るので、赤ちゃんも食べやすくなります。

> 9〜11か月ごろ

ささ身から出るだしも無駄にしない!

れんこんととりささ身の和風煮込み

Autumn / れんこん

材料(1食分)

れんこん、しいたけ
（みじん切り）
　…各大さじ1（10g）
玉ねぎ、にんじん
（粗みじん切り）
　…各大さじ1（10g）
とりささ身…1/5本（10g）
かつお＆昆布だし…1/2カップ
しょうゆ…1滴

作り方

1 鍋にだしを沸かし、ささ身を入れる。
2 火が通ったら取り出してほぐしておく。
3 1のだしにれんこん、しいたけ、玉ねぎ、にんじんを入れやわらかくなるまで煮る。
4 2を戻し入れて、しょうゆをたらす。

りんご

りんごは「1日1個で医者いらず」と言われるほど健康効果が期待されているくだもの。食事にも取り入れてもらえるようなメニューを考えました。

[7〜8か月ごろ]

いつものおかゆが
さっぱりとしたサラダに……!

りんごとヨーグルトの
お米サラダ

材料（1食分）

りんご（5mm角）
　…大さじ2（20g）
プレーンヨーグルト
　…大さじ1（10g）
7倍粥……大さじ1（10g）

作り方

1 りんごは指でつぶせるくらいのやわらかさになるまで茹でる。
2 ボウルに冷めたおかゆと他の材料を入れて、さっくり混ぜる。

[7〜8か月ごろ]

さつまいもの食感を少し残すのがポイント

りんごとさつまいもの
ポテトサラダ

材料（1食分）

りんご（5mm角）
　…大さじ1（10g）
さつまいも…大さじ3（30g）
野菜だし…適量

作り方

1 さつまいもは皮を厚めにむき、水にさらしてアクを抜く。
2 1をだしを沸かした鍋でやわらかく煮て、粗めにつぶす。
3 別の鍋にだしを沸かしりんごを入れやわらかくなるまで煮る。
4 さつまいもとりんごをさっくり混ぜる。

> 9〜11か月ごろ

りんごと煮ると豚肉がやわらかくなり食べやすい

りんごと豚肉の煮物

Autumn　りんご

材料（1食分）
りんご（5mm〜1cm角）
　…大さじ3（30g）
玉ねぎ（5mm〜1cm角）
　…大さじ2（20g）
豚ひき肉…小さじ2（10g）
かつお＆昆布だし…適量

作り方
1 鍋にすべての材料を入れる。
2 玉ねぎがやわらかくなるまで煮たら完成。

Winter

ほうれん草

5〜6か月ごろ

磁器など白い器だと緑が映えます

ほうれん草のとろとろピューレ

青菜が苦手、という赤ちゃんは多いはず。実は味ではなく、やわらかく煮ても残ってしまうすじの食感のせいかもしれません。茎だけでなく、葉脈部分もしっかり取り除いてなめらかな口当たりに。

材料（作りやすい分量）

ほうれん草…1/6わ（50g）
野菜だし…適量

作り方

1 ほうれん草は葉部分をやわらかく茹でて、冷水にさらす。
2 水けを軽くしぼり、すり鉢やブレンダーですりつぶす。
3 ピューレ状になるまでだしでのばす。

> 5〜6か月ごろ

バナナの甘みととろみで、
ほうれん草を食べやすく

ほうれん草とバナナのスープ

Winter

ほうれん草

材料（作りやすい分量）

ほうれん草…1/6わ（50g）
バナナ…1/3本（50g）
野菜だし…適量

作り方

1. ほうれん草は葉部分をやわらかく茹でて、冷水にさらす。
2. すり鉢やブレンダーなどですりつぶす。
3. 鍋にだしと5mm角に切ったバナナを入れてやわらかくなるまで煮る。
4. 2を入れて軽く煮込み、裏ごしをする。

パパシェフ MEMO

葉っぱだけがするっと取れる「時短テクニック」

ほうれん草を離乳食に使うとき、茎だけでなく、葉脈をきちんと取るのがとても重要。葉を下に向けて引っ張るとするすると取ることができます。すり鉢ですっても葉脈は残るので、先にとっておくのがベスト。そしてほうれん草ならではのえぐみが気になると思いますが、下茹でのあとすぐに冷水に移すことで食べやすくなります。

> 7〜8か月ごろ

鯛、平目、タラ……冬は離乳食向きの白身魚がたくさん旬を迎えます

ほうれん草と白身魚のおかゆ

材料（1食分）

ほうれん草
（葉部分を茹でてみじん切り）
　…大さじ1 1/2（15g）
玉ねぎ（みじん切り）
　…大さじ1（10g）
白身魚…大さじ1（10g）
昆布だし…60ml
7倍粥…30g

作り方

1 鍋にだしと白身魚を入れ加熱。
2 魚に火が通ったら取り出してほぐしておく。
3 その鍋に玉ねぎを入れてやわらかくなるまで煮る。
4 2とほうれん草を入れさっと煮る。
5 器に盛ったおかゆにかける。

> 9〜11か月ごろ

旬の秋鮭が手に入ったら……

ほうれん草とサーモンの和風パスタ

Winter

ほうれん草

Page 084 — 085

材料（1食分）

ほうれん草
（葉部分を茹でてみじん切り）
　…大さじ1 1/2（15g）
パスタ…30g
生鮭…1/10切れ（10g）
しめじ、玉ねぎ
（粗みじん切り）
　…各大さじ1（各10g）
かつお＆昆布だし…適量

作り方

1　パスタはやわらかく茹でて2cm長さにカットしておく。
2　鍋にだしと鮭を入れ加熱。
3　鮭に火が通ったら取り出してほぐしておく。
4　その鍋にしめじと玉ねぎを入れてやわらかくなるまで煮る。
5　ほうれん草、鮭、パスタを入れ軽く煮込む。

> 9〜11か月ごろ

苦手な野菜でも形を変えてあげると食べてくれるかも

ほうれん草とひき肉のお好み焼き

材料(1食分)

ほうれん草(葉部分を茹でてみじん切り)…大さじ2 (20g)
豚ひき肉…小さじ1 (5g)
じゃがいも…1/5個 (30g)
片栗粉…10g
かつお＆昆布だし…適量
サラダ油…ごく少量

作り方

1 ほうれん草はやわらかくなるまで茹で、水にさらしてアクを抜く。

2 みじん切りにする。

3 じゃがいもは小さく切り、耐熱容器に入れてラップをかけ電子レンジで約40秒やわらかくなるまで加熱。

4 ひき肉をフライパンで炒め、余分な脂はキッチンペーパーでふき取っておく。

5 ボウルに3を入れマッシュし、2、4、片栗粉を入れて混ぜる。水分が少なかったらだしを入れる。

6 一口大に平たく成形。薄く油をひいたフライパンで両面に焼き色がつくまで焼く。

Winter

ほうれん草

ブロッコリー

赤ちゃんのもぐもぐの練習にぴったりのブロッコリー。一番甘みが強いのは実は茎の部分なので、切り落とした茎はぜひ大人メニューに使ってください。

5〜6か月ごろ

おいしそうなブロッコリーを見つけたら
ブロッコリーのとろとろピューレ

材料（作りやすい分量）
ブロッコリー
　…1房（15g）
野菜だし…適量

作り方
1　ブロッコリーはやわらかくなるまで茹でる。
2　花蕾（からい）部分だけをすり鉢やブレンダーですりつぶす。
3　だしを加えてのばす。

| 7〜8か月ごろ |

昆布だしにさらに白身魚のだしをプラスして

ブロッコリーと白身魚のおかゆ

材料（作りやすい分量）

ブロッコリー
（花蕾部分を茹でて粗みじん切り）
　…大さじ2（20g）
白身魚…大さじ1（10g）
玉ねぎ（みじん切り）
　…大さじ1（10g）
昆布だし…1/2カップ
7倍粥…30g

作り方

1. 鍋にだしと白身魚を入れ加熱。
2. 魚に火が通ったら取り出してほぐしておく。
3. その鍋に玉ねぎを入れてやわらかくなるまで煮る。
4. 2とブロッコリーを入れさっと煮る。
5. 器に盛ったおかゆにかける。

パパシェフ MEMO

ブロッコリーは先端の花蕾（からい）部分だけを使います

ブロッコリーの小さなつぶつぶは花の蕾。それが集まったものを「花蕾（からい）」と言います。離乳食の初期、中期の時期は、花蕾だけを使います。ブロッコリーは口の中ですりつぶしたときに、舌に違和感を覚える赤ちゃんが多いので、味わいというよりも食感の問題。離乳食後期になると、茎の部分も大丈夫になっていきます。

> 9〜11か月ごろ

いくつあってもうれしいお粥のバリエーション

ブロッコリーととり肉の卵粥

材料（1食分）

ブロッコリー
（花蕾部分を茹でて粗みじん切り）
　…大さじ2（20g）
かつお＆昆布だし
　…1/2カップ
玉ねぎ（みじん切り）
　…大さじ1（10g）
とりひき肉（ささ身）
　…小さじ2（10g）
卵…1/2個
5倍粥…50g

作り方

1 鍋にだし、玉ねぎ、ひき肉を入れやわらかくなるまで煮る。
2 ブロッコリーを入れる。
3 ときほぐした卵をまわし入れ、卵にしっかり火を通す。
4 器に盛ったおかゆにかける。

> 9〜11か月ごろ

彩りの豊かな料理は子どもだってうれしいはず

ブロッコリーとじゃがいものオムレツ

Winter

ブロッコリー

材料（1食分）

ブロッコリー
（花蕾部分を茹でて粗みじん切り）
　…大さじ1（10g）
じゃがいも（粗みじん切り）
　…大さじ1（10g）
にんじん（粗みじん切り）
　…大さじ1/2（5g）
とりひき肉（ささ身）
　…小さじ1（5g）
卵…1/2個
バター（食塩不使用）…少々

作り方

1 じゃがいも、にんじん、ひき肉を耐熱容器に入れる。
2 ラップをかけ、野菜に火が通るまで約1分電子レンジで加熱。
3 ときほぐした卵に2とブロッコリーを入れよく混ぜる。
4 フライパンにごく少量のバターをひく。
5 3を流し入れ、さっと混ぜたら木の葉形に形を整えながら中に火が通るまで焼く。

白菜

冬を代表する野菜、白菜。煮れば煮るほど旨みが増す、なんとも楽しい野菜です。やさしい風味を壊さないように、相性の良い豆乳やささ身を使ったレシピに。

5〜6か月ごろ

煮込むほどにおいしくなる白菜を、シンプルに食べてみよう

白菜のとろとろピューレ

材料（作りやすい分量）

白菜
　…15g（なるべく中心の部分）
野菜だし…適量

作り方

1 白菜の芯を取り除き、やわらかい葉の部分のみにする。
2 鍋にみじん切りにした1とだしを入れてやわらかくなるまで煮る。
3 すり鉢やブレンダーなどですりつぶす。

> 5〜6か月ごろ

白菜のやさしい風味と豆乳がベストマッチ

白菜の豆乳ポタージュ

Winter / 白菜

材料（作りやすい分量）

白菜
　…15g（なるべく中心の部分）
豆乳…100ml
野菜だし…40ml

作り方

1. 白菜は芯を取り除き、やわらかい葉の部分のみにする。
2. 鍋にみじん切りにした1と豆乳、だしを入れる。
3. やわらかくなるまで煮たら、すり鉢やブレンダーですりつぶす。

7～8か月ごろ

甘くてとろける冬ねぎを使って、あったか雑炊

白菜と冬ねぎの雑炊

材料（作りやすい分量）

白菜（みじん切り）
　…大さじ2（20g）
にんじん、しいたけ、長ねぎ
（みじん切り）
　…各大さじ1（各10g）
昆布だし…1/2カップ
7倍粥…30g

作り方

1 白菜は芯を取り除き、やわらかい葉の部分のみを使う。
2 鍋におかゆ以外の材料をすべて入れる。
3 野菜がやわらかくなるまで煮込む。
4 おかゆを入れてさっと煮込む。

7～8か月ごろ

もっちり食べごたえのあるフォーを使って

白菜のフォー

材料（1食分）

白菜（みじん切り）
　…大さじ2（20g）
玉ねぎ、しめじ（みじん切り）
　…各大さじ1（各10g）
しらす干し（塩抜きしておく）
　…大さじ1（15g）
昆布だし…適量
フォー（乾麺）…5本

作り方

1 白菜は芯を取り除き、やわらかい葉の部分のみを使う。
2 鍋にフォーとだし以外の材料をすべて入れる。
3 フォーを1cm長さくらいに折りながら加える。
4 材料が隠れるくらいのだしを加える。
5 フォーが水分を吸うので、ときどきだしを継ぎ足しながらフォーと野菜がやわらかくなるまで煮込む。

9〜11か月ごろ

豆乳は煮すぎると分離してしまうので要注意

白菜とささ身のシチュー

材料（作りやすい分量）

- 白菜（5mm角）
  …大さじ3（30g）
- 玉ねぎ、にんじん（5mm角）
  …各大さじ1（各10g）
- とりひき肉（ささ身）
  …小さじ2（10g）
- 豆乳…50ml
- かつお＆昆布だし…50ml

作り方

1. 白菜は芯を取り除き、やわらかい葉の部分のみを使う。
2. 鍋に豆乳以外の材料を入れ、野菜がやわらかくなるまで煮込む。
3. 豆乳を加えひと煮立ちさせる。

白菜

9〜11か月ごろ

大人メニューに少しずつ近づけていこう

白菜のやさしい中華丼

材料（1食分）

- 白菜（5mm角）
  …大さじ2（20g）
- 玉ねぎ、にんじん、しいたけ（5mm角）
  …各大さじ1（各10g）
- 豚ひき肉
  …小さじ2（10g）
- かつお＆昆布だし
  …1/2カップ
- 水溶き片栗粉…小さじ2
- ごま油…1滴
- 5倍粥…50g

作り方

1. 白菜は芯を取り除き、やわらかい葉の部分のみを使う。
2. 鍋にひき肉と野菜、しいたけを入れ炒める。
3. 肉の色が変わったらだしを入れ煮込む。
4. やわらかくなったら水溶き片栗粉を入れとろみをつける。
5. ごま油を1滴たらす。
6. 器に盛ったお粥にかける。

大根

7〜8か月ごろ

とろみのついたみぞれあんは、寒い日や喉がいたいときに

白身魚のみぞれあんかけ粥

なかなか煮えないし、えぐみや苦みが……と敬遠しがちな大根ですが、冬モノは甘みが強いので離乳食向き。大根おろしにすると、まったく違う野菜のように使えるのもおもしろい。

材料（1食分）

大根おろし…大さじ1（20g）
生ダラ…1/10切れ（10g）
にんじん（粗みじん切り）
　…大さじ1（10g）
昆布だし…1/2カップ
水溶き片栗粉…小さじ2
7倍粥…30g

作り方

1　鍋にだしとタラを入れ火を通し、取り出してほぐしておく。
2　その鍋に大根おろしとにんじんを入れる。
3　やわらかくなったらタラを戻す。
4　水溶き片栗粉を入れとろみをつける。
5　器に盛ったおかゆにかける。

> 9〜11か月ごろ

磯の香りが広がる洋風リゾット

大根とひじきのリゾット

Winter

大根

材料（1食分）

- 大根（5mm角）…大さじ2（20g）
- 乾燥芽ひじき…2g
- とりひき肉（ささ身）…小さじ2（10g）
- かつお＆昆布だし…80ml
- 5倍粥…60g
- バター（食塩不使用）…少々

作り方

1. ひじきは水で戻してみじん切りにする。
2. 大根はやわらかく下茹でしておく。
3. だしを沸かした鍋にひき肉、大根、ひじきを入れ煮込む。
4. おかゆを加えて水分がほぼなくなるまで加熱。
5. バターを加えて完成。

小松菜

ほうれん草と同様に、小松菜も赤ちゃんにあげるときは葉のみを使います。おひたしや煮物など、和食のイメージの強い小松菜ですが、実は洋食との相性もいいので幅広く楽しめます。

[7～8か月ごろ]

昆布＋しらす干しでだしをきかせて

小松菜としらすのおだしあんかけ粥

材料（1食分）

- 小松菜（葉のみをみじん切り）…大さじ1 1/2（15g）
- にんじん（みじん切り）…大さじ1（10g）
- しらす干し（塩抜きしておく）…大さじ1（15g）
- 昆布だし…1/2カップ
- 7倍粥…30g
- 水溶き片栗粉…小さじ2

作り方

1 だしを沸かした鍋に小松菜、にんじん、しらすを入れる。
2 やわらかくなるまで煮たら、水溶き片栗粉でとろみをつける。
3 器に盛ったおかゆにかける。

> 9～11か月ごろ

粉チーズとパン粉で香ばしく

小松菜と卵のドリア風

Winter

小松菜

材料（1食分）

小松菜（葉のみをみじん切り）
　　…大さじ2（20g）
玉ねぎ（みじん切り）
　　…大さじ1（10g）
卵…1/2個
とりひき肉（ささ身）
　　…小さじ2（10g）
かつお＆昆布だし…大さじ2
5倍粥…60g
粉チーズ…少々
パン粉…少々

作り方

1 小松菜と玉ねぎは、だし（分量外）でやわらかく茹でておく。
2 鍋にひき肉を入れて炒める。
3 火が通ったら1と分量のだしを入れる。
4 さらに溶きほぐした卵とおかゆを入れ卵に火が通るまで加熱。
5 耐熱皿に4を入れて、粉チーズとパン粉をかけオーブントースターで焼き色をつける。

洋梨

年々、身近なフルーツになってきている洋梨。海外では梨といえば洋梨です。和梨に比べてやわらかいので赤ちゃんにもうれしいですね。

[7〜8か月ごろ]

秋の和梨が終わったら、次は洋梨の出番

洋梨のピューレ

材料（1食分）

洋梨…1/10個（20g）
浄水…適量

作り方

1 洋梨の皮をむき、すりおろす。
2 鍋に入れ約5分加熱する。
3 水分が足りなくなったら浄水を加えて調整する。

> 9～11か月ごろ

とろっとしたバナナと洋梨の組み合わせが絶妙

洋梨とバナナのコンポート

Winter / 洋梨

材料（1食分）

洋梨…1/10個（20g）
バナナ…20g
浄水…適量

作り方

1 洋梨とバナナの皮をむき1cm角に切る。
2 鍋に入れ浄水をひたひたになるまで入れ加熱。
3 具材がやわらかくなるまで煮込む。

子どもも、親も。
食事の時間が楽しくなるヒント

大変という気持ちが先に立ってしまいがちな離乳食。
もちろん実際に大変です。子どものために別に作り、煮たり潰したり刻んだり……。
でも、物事は視線を少し変えるだけで、違う一面が見えてくることも。
どちらにしても避けることができない離乳食期なら、楽しみたい。
毎日たくさんのお客さま、家族、子どもと向きあっている
『100本のスプーン』が実際に試みているアイデア6つをお伝えします。
視線を少しだけ変えるためのヒントになれば幸いです。

1
少なめの量を盛る

　離乳食を作るのは、手間がかかり大変なこと。それが毎日続くのだからたまらない。それでもがんばっていろいろなメニューを作り続けるのは、子どもへの愛。それだけ。
　そんなお母さん、お父さんが、最も悲しい気持ちになるのは残されたり、食べてくれないこと。口をつぐんで開けてくれない、嫌な顔をされた、器を落として拒否された……。
　その拒否の仕方はさまざまでも、自分を否定されたような気持ちになる人も多いはず。そこで、提案します。
「いつもよりも30％ほど少なく盛ってみてください」
　これは少ないかなぁと不安に感じる気持ちを吹き飛ばし、少なめを盛る。そうすると、完食してくれる確率がぐんと増えます。それどころか、おかわりまでしてくれることも！
　お店で離乳食を提供しているとき、子どもたちが残すと、親たちが不安そうなんです。ごめんなさい……と申し訳なさそうに謝る方も多々。残してもいいんです！と伝えても、それでも申し訳なさそうな様子。そこで、『100本のスプーン』ではあるタイミングから少なめに盛ることにしました。赤ちゃんに「よく食べられたね！」と褒めてあげるチャンスにもなります。わが子を褒めてもらえると、親たちもなんだか誇らしげにうれしそう。そして、その姿を見る私たちもうれしくなるんです。

2
美しい盛りつけや器選び

『100本のスプーン』の離乳食は、食べやすさよりも美しく見えることを重要視しています。温かい料理がほとんどの離乳食は木の器の方がおいしそうに見えるので、基本的に木の器を使っています。そして、離乳食の中期・後期には、3色の食材を使って彩りを豊かに。初期のおかゆとピューレを一緒には盛らず、あえて分けて盛っているのも、美しさを重視しているから。

赤ちゃんはまだ言葉が足りないので、料理のおいしさやこだわりについて、こちらから伝えることがむずかしい。だからこそ、「盛りつけや器使いに力を入れてみてください」。赤ちゃんこそ、視覚から入る情報が大事なはずだと信じています。

3
親自身も食卓を楽しむ

赤ちゃんは本当にいろいろなものをよく見ているなぁと思っています。だからこそ、一緒に食卓を囲んでいる人たちがおいしそうに食べているという状況がとても大切。お母さんやお父さんが自分のご飯は二の次にして、赤ちゃんだけにアーンと食べさせる、という状況はよくあること。大変なので、子どもに食べさせてから、自分はあとで食べようと思う人も多いはず。でも、赤ちゃんひとりだけに食事をさせるのではなく、一緒に食卓を囲んでみてください。そして一緒においしそうに食べてみる。

食事を楽しく彩ってくれるもののひとつは、コミュニケーション。

お店でも、スタッフたちが「よく食べられたね！」「ありがとう！」など、赤ちゃんにたくさん話しかけています。

4
好きな音楽をかけてみる

『100本のスプーン』の店内には、スローでやさしい音楽が常に流れています。料理をゆっくり味わい、リラックスしてほしいから。音楽で気持ちがほぐれたり、変化したりしますよね。

少しずつしか食べられない赤ちゃんの離乳食は、食べさせるのにも時間がかかります。「はい、次！」と、無意識に赤ちゃんを焦らせていることもあるのではないでしょうか。

そこで「好きな音楽をかけてみてください」。スローな音楽は、焦ったりはやる気持ちをおさえてくれるはず。暗い気持ちのときには明るいハッピーな音楽をかけてみる。余裕がなく大変な時間こそ、音楽の力に頼ってみてはどうでしょう。

5
目線を合わせる

ハイチェアの大切さ、重要性、利便性を実感しているので、『100本のスプーン』の各店舗にはストッケ社製のハイチェアを多めにご用意しています。低い位置に座ったり、抱っこされていると、赤ちゃんと大人の見える景色がまったく違ってしまいます。食卓を一緒に囲むときに、景色を共有するということはとても大切。ハイチェアに座っているからこそ、大人と目線が合うんです。

このころの子どもは日に日にぐんぐんと成長しています。そこで、「こまめにハイチェアの高さを調整してあげてください」。自分では動けない時期だからこそ、彼らから見える景色を大人側が気を配ってあげることが大切です。

6
食べる場所を変える

　毎日3食のご飯。それは幸せなルーティンなのですが、退屈に感じることもあるはず。大人がたまに外食に出かけたくなるのは、自分が作ったご飯に飽きたり、疲れていたり、気分を変えたかったり、非日常を楽しみたい気分のとき。お店に足を運んでくれるお客さまはきっとそういう気分で来てくれているんだと思っています。

　それって、実は赤ちゃんだって同じなのではないでしょうか。あまり食が進まないなぁと感じるときは、「思い切って違う場所で食べてみてください」。そこで外食と考えると、準備や段取りを考えて親が億劫になってしまう。もっと簡単な変化で構いません。まず、いつもと違う席に移動してみてください。それだけで、自分では動けない赤ちゃんのいつもの景色ががらりと変わります。違う部屋に移動してもいいかもしれません。離乳食を保存容器につめて、ベランダや庭、近くの公園に出かけてみてもいい。見えている景色を少しだけ変えることが、食卓をまた新鮮にしてくれるはず。

1st Birthday

ベジタブル・パンケーキタワー

はじめての誕生日に、
家族の思いとパンケーキをいくつも重ねて

　はじめて迎える誕生日。常に"はじめての連続"である子育てのなかでも、1歳の誕生日は感慨深く忘れられない日です。そして、それは離乳食の完了期に入ったということでもあります。最初のひと口やはじめてのおかわり、一生懸命励んだストックづくり……。大変な時期を懸命に越えていくうちに、いつの間にか赤ちゃんから子どもへとすっかり大きくなったわが子に驚くことも。
　誕生日という節目に、子どもや家族へのありがとうや自分へのお疲れさまの気持ちを込めて、記念日離乳食を楽しんでみてはいかがでしょう？

材料（1食分）

米粉…50g
牛乳…1/2カップ
砂糖…10g
ベーキングパウダー…3g
お好みの野菜やフルーツのピューレ
　…写真ではほうれん草、いちご各50g
プレーンヨーグルト…100g

作り方

1 キッチンペーパーを敷いたざるにヨーグルトを入れ半日〜ひと晩置き、水切りヨーグルトを作る。

2 ピューレとヨーグルト以外の材料をすべて混ぜる。生地を分けて、野菜やフルーツのピューレをそれぞれ加える。

3 弱火に熱したフライパンで両面を焼く。器に重ねて盛り水切りヨーグルトをかける。

赤ちゃんとわたしの、ささやかで幸せな

はじめて史

「はじめて」って何でもうれしい！
うんちもおならもゲップだって、「はじめて」がつくだけで、何でもうれしくて幸せな思い出に。
そこで、離乳食作りの合間に体験した「はじめて」を記しておくスペースを作りました。
これから時間が流れ、あとからこの時期を振り返ったとき、
思い返されるのははじめて歩いた日やはじめて言葉を発した日だけではなく、
日常のささやかな出来事かもしれない。だから、毎日が記念日。
『100本のスプーン』はそんなふうに考えています。

☐ はじめての離乳食を作った日　　　　　　年　　月　　日

....

....

....

☐ はじめて完食できた日　　　　　　　　　年　　月　　日

....

....

....

☐ はじめてスプーンで食べられた日　　　　年　　月　　日

....

....

....

▫ はじめて「おいしい」って言ってくれた日　　年　月　日

▫ はじめて「おかわり」をしてくれた日　　年　月　日

▫ はじめて、　　　　　　日　　年　月　日

▫ はじめて、　　　　　　日　　年　月　日

ステップ別レシピ索引

5～6か月ごろ（初期）

- 022 キャベツのとろとろピューレ
- 023 キャベツと豆腐のふわふわ
- 027 じゃがいものとろとろピューレ
- 032 玉ねぎのとろとろピューレ
- 036 かぶのとろとろピューレ
- 044 トマトと玉ねぎのとろとろピューレ
- 048 とうもろこしのとろとろピューレ
- 054 なすのとろとろピューレ
- 058 枝豆のとろとろピューレ
- 063 にんじんのとろとろピューレ
- 066 かぼちゃのとろとろピューレ
- 072 さつまいものとろとろピューレ
- 082 ほうれん草のとろとろピューレ
- 083 ほうれん草とバナナのスープ
- 088 ブロッコリーのとろとろピューレ
- 092 白菜のとろとろピューレ
- 093 白菜の豆乳ポタージュ

7～8か月ごろ（中期）

*主食

- 025 キャベツとささ身のあんかけご飯
- 033 玉ねぎと白身魚のおかゆ
- 038 アスパラとしらすの豆乳リゾット
- 055 なすとしらすのにゅうめん
- 057 ズッキーニとしらすのおかゆ
- 058 ずんだごはん
- 068 かぼちゃと豆腐のおうどん
- 073 さつまいもとひき肉のとろとろ粥
- 084 ほうれん草と白身魚のおかゆ
- 089 ブロッコリーと白身魚のおかゆ
- 094 白菜と冬ねぎの雑炊
- 094 白菜のフォー
- 096 白身魚のみぞれあんかけ粥
- 098 小松菜としらすのおだしあんかけ粥

*おかず

- 024 キャベツとカッテージチーズのコールスロー
- 028 じゃがいもと鯛のトマトシチュー
- 029 じゃがいもとりんごのポタージュ
- 037 かぶの2色のポタージュ
- 044 トマトとおだしのジュレ
- 049 納豆のとうもろこし和え
- 053 焼きパプリカのピューレ
- 064 にんじんとバナナのポタージュ
- 067 かぼちゃと豆乳のポタージュ
- 076 しらすとれんこんのすり流しあん
- 078 りんごとヨーグルトのお米サラダ
- 078 りんごとさつまいものポテトサラダ
- 100 洋梨のピューレ

9〜11か月ごろ（後期）

＊主食

- 025 キャベツとしらすの煮込みうどん
- 037 かぶとタラの炊き込みごはん
- 039 アスパラととり肉のそうめんチャンプルー
- 040 菜の花としらすのみぞれあんかけ丼
- 045 はじめてのナポリタン
- 050 とうもろこしのパン粥
- 051 とうもろこしのピラフ
- 053 パプリカのパエリア風リゾット
- 065 にんじんとひき肉のあんかけにゅうめん
- 085 ほうれん草とサーモンの和風パスタ
- 086 ほうれん草とひき肉のお好み焼き
- 090 ブロッコリーととり肉の卵粥
- 095 白菜のやさしい中華丼
- 097 大根とひじきのリゾット
- 099 小松菜と卵のドリア風

＊おかず

- 026 ふんわり豆腐のロールキャベツ
- 030 春のポトフ
- 031 じゃがいものミートソースラザニア風
- 034 玉ねぎととり肉の茶碗むし
- 041 フルーツトマトといちごのサラダ
- 046 トマトとズッキーニのグラタン
- 055 とり肉となすのみそ煮込み
- 056 ズッキーニとかぼちゃの煮物
- 057 ズッキーニととり肉のミネストローネ
- 059 枝豆ととうもろこしのおやき
- 064 にんじんとまぐろ、かぶの含め煮
- 065 にんじんのグラッセ
- 069 かぼちゃとツナのパンケーキ
- 070 かぼちゃニョッキのトマト煮込み
- 074 さつまいも団子のスープ仕立て
- 075 安納芋のスイートポテト
- 077 れんこんととりささ身の和風煮込み
- 079 りんごと豚肉の煮物
- 091 ブロッコリーとじゃがいものオムレツ
- 095 白菜とささ身のシチュー
- 101 洋梨とバナナのコンポート

アートディレクション	中村圭介（ナカムラグラフ）
デザイン	清水翔太郎、鈴木茉弓（ナカムラグラフ）
撮影	吉澤健太
スタイリング	中里真理子
図版	キムジヒ、大森智哉（スマイルズ）、はらぺこ
取材・文	柿本真希
栄養監修	牧野直子（スタジオ食）
校正	麦秋アートセンター
編集	坂本亜里（KADOKAWA）

撮影協力：浅山崇一郎、楢木香奈子・凛大・希香
写真提供：福岡拓（P40 菜の花）、PIXTA（P23 春キャベツ、P33 新玉ねぎ、P100〜101 洋梨）

食べることが好きになる離乳食

2019年11月22日	初版発行
2025年8月10日	7版発行
著者	100本のスプーン
発行者	山下直久
発行	株式会社KADOKAWA
	〒102-8177　東京都千代田区富士見2-13-3
	電話0570-002-301（ナビダイヤル）
印刷所	TOPPANクロレ株式会社

本書の無断複製（コピー、スキャン、デジタル化等）並びに
無断複製物の譲渡及び配信は、著作権法上での例外を除き禁じられています。
また、本書を代行業者などの第三者に依頼して複製する行為は、
たとえ個人や家庭内での利用であっても一切認められておりません。

●お問い合わせ
https://www.kadokawa.co.jp/（「お問い合わせ」へお進みください）
※内容によっては、お答えできない場合があります。
※サポートは日本国内のみとさせていただきます。
※Japanese text only

定価はカバーに表示してあります。
©2019 Smiles Co., Ltd. 2019 Printed in Japan
ISBN 978-4-04-896602-3 C0077